Richard Wagner

Das Rheingold

Vorspiel zu der Trilogie - Der Ring des Nibelungen

Richard Wagner

Das Rheingold
Vorspiel zu der Trilogie - Der Ring des Nibelungen

ISBN/EAN: 9783743345829

Hergestellt in Europa, USA, Kanada, Australien, Japan

Cover: Foto ©ninafisch / pixelio.de

Manufactured and distributed by brebook publishing software (www.brebook.com)

Richard Wagner

Das Rheingold

DAS RHEINGOLD.

VORSPIEL ZU DER TRILOGIE:

DER RING DES NIBELUNGEN

VON

RICHARD WAGNER.

MAINZ.

B. SCHOTT'S SÖHNE.

| LONDON. | PARIS. | BRÜSSEL. |
| SCHOTT & Co. | EDITIONS SCHOTT. | SCHOTT FRÈRES. |

PERSONEN.

—o—

WOTAN, DONNER, FROH, LOGE,	Götter.
FASOLT, FAFNER,	Riesen.
ALBERICH, MIME,	Nibelungen.
FRICKA, FREIA, ERDA,	Göttinnen.
WOGLINDE, FLOSSHILDE, WELLGUNDE,	Rheintöchter.

Nibelungen.

ERSTE SCENE.

—o—

Auf dem Grunde des Rheines.

Grünliche Dämmerung, nach oben zu lichter, nach unten zu dunkler. Die Höhe ist von wogendem Gewässer erfüllt, das rastlos von rechts nach links zu strömt. Nach der Tiefe zu lösen sich die Fluthen in einen immer feineren feuchten Nebel auf, so dass der Raum der Manneshöhe vom Boden auf gänzlich frei vom Wasser zu sein scheint, welches wie in Wolkenzügen über den nächtlichen Grund dahin fliesst. Ueberall ragen schroffe Felsenriffe aus der Tiefe auf, und grenzen den Raum der Bühne ab; der ganze Boden ist in ein wildes Zackengewirr zerspalten, so dass er nirgends vollkommen eben ist und nach allen Seiten hin in dichtester Finsterniss tiefere Schlüffte annehmen lässt.

Um ein Riff in der Mitte der Bühne, welches mit seiner schlanken Spitze bis in die dichtere, heller dämmernde Wasserfluth hinaufragt, kreis't in anmuthig schwimmender Bewegung eine der RHEINTÖCHTER.

Woglinde.

Weia! Waga!
Woge, du Welle,
walle zur Wiege!
Wagalaweia!
Wallala weiala weia!

Wellgunde's
(Stimme, von oben).

Woglinde, wach'st du allein?

Woglinde.

Mit Wellgunde wär' ich zu zwei.

Wellgunde
(taucht aus der Fluth zum Riff herab).

Lass' seh'n, wie du wach'st.
(Sie sucht WOGLINDE zu erhaschen.)

Woglinde
(entweicht ihr schwimmend).

Sicher vor dir.
(Sie necken sich und suchen sich spielend zu fangen.)

Woglinde.
Lasst ihn uns kennen?
(Sie lässt sich auf die Spitze des Riffes hinab, an dessen Fusse ALBERICH angelangt ist.)

Alberich.
Die neigt sich herab.

Woglinde.
Nun nahe dich mir!

Alberich
(klettert mit koboldartiger Behendigkeit, doch wiederholt aufgehalten der Spitze des Riffes zu.)

Garstig glatter
glitschriger Glimmer!
Wie gleit' ich aus!
Mit Händen und Füssen
nicht fasse noch halt' ich
das schlecke Geschlüpfer!
(Er pruhstet.)
Feuchtes Nass
füllt mir die Nase:
verfluchtes Niesen!
(Er ist in der Nähe WOGLINDE's angelangt.)

Woglinde
(lachend).
Pruhstend naht
meines Freiers Pracht!

Alberich.
Mein Friedel sei,
du fräuliches Kind!
(Er sucht sie zu umfassen.)

Woglinde
(sich ihm entwindend).
Willst du mich frei'n,
so freie mich hier!
(Sie ist auf einem andern Riffe angelangt. Die Schwestern lachen.)

Alberich
(kratzt sich den Kopf).
O weh: du entweich'st?

Komm' doch wieder!
Schwer ward mir,
was so leicht du erschwing'st.

Woglinde
(schwingt sich auf ein drittes Riff in grösserer Tiefe).

Steig' nur zu Grund:
da greifst du mich sicher!

Alberich
(klettert hastig hinab).

Wohl besser da unten!

Woglinde
(schnellt sich rasch aufwärts nach einem hohen Seitenriffe).

Nun aber nach oben!
(Alle Mädchen lachen.)

Alberich.
Wie fang' ich im Sprung'
den spröden Fisch?
Warte, du Falsche!
(Er will ihr eilig nachklettern.)

Wellgunde
(hat sich auf ein tieferes Riff auf der andern Seite gesenkt).

Heia! Du Holder!
hör'st du mich nicht?

Alberich
(sich umwendend).

Rufst du nach mir?

Wellgunde.
Ich rathe dir gut:
zu mir wende dich,
Woglinde meide!

Alberich
(klettert hastig über den Bodengrund zu WELLGUNDE).

Viel schöner bist du
als jene Scheue,
die minder gleissend
und gar zu glatt. —
Nur tiefer tauche,
willst du mir taugen!

Wellgunde
(noch etwas mehr zu ihm sich herabsenkend).
Bin nun ich dir nah'?

Alberich.
Noch nicht genug!
Die schlanken Arme
schlinge um mich,
dass ich den Nacken
dir neckend betaste,
mit schmeichelnder Brunst
an die schwellende Brust mich dir schmiege.

Wellgunde.
Bist du verliebt
und lüstern nach Minne?
Lass' seh'n, du Schöner,
wie du bist zu schau'n? —
Pfui, du haariger,
höck'riger Geck!
Schwarzes, schwieliges
Schwefelgezwerg!
Such' dir ein Friedel,
dem du gefällst!

Alberich
(sucht sie mit Gewalt zu halten).
Gefall' ich dir nicht,
dich fass' ich doch fest!

Wellgunde
(schnell zum mittleren Riff auftauchend).
Nur fest, sonst fliess' ich dir fort!
(Alle Drei lachen.)

Alberich
(erbos't ihr nachzankend):
Falsches Kind!
Kalter, grätiger Fisch!
Schein' ich nicht schön dir,
niedlich und neckisch,
glatt und glau —

hei! so buhle mit Aalen,
ist dir eklig mein Balg!

Flosshilde.

Was zank'st du, Alp?
Schon so verzagt?
Du frei'test um zwei!
früg'st du die dritte,
süssen Trost
schüfe die Traute dir!

Alberich.

Holder Sang
singt zu mir her. —
Wie gut, dass ihr
eine nicht seid!
Von vielen gefall' ich wohl einer:
von einer kies'te mich keine! —
Soll ich dir glauben,
so gleite herab!

Flosshilde
(taucht zu ALBERICH hinab).

Wie thörig seid ihr,
dumme Schwestern,
dünkt euch dieser nicht schön!

Alberich
(hastig ihr nahend).

Für dumm und hässlich
darf ich sie halten,
seit ich dich Holdeste seh'.

Flosshilde
(schmeichelnd).

O singe fort
so süss und fein;
wie hehr verführt es mein Ohr!

Alberich
(zutraulich sie berührend).

Mir zagt, zuckt
und zehrt sich das Herz,
lacht mir so zierliches Lob.

Flosshilde
(ihn sanft abwehrend).
Wie deine Anmuth
mein Aug' erfreut,
deines Lächelns Milde
den Muth mir labt!
(Sie zieht ihn zärtlich an sich.)
Seligster Mann!

Alberich.
Süsseste Maid!

Flosshilde.
Wär'st du mir hold!

Alberich.
Hielt' ich dich immer!

Flosshilde
(ihn ganz in ihren Armen haltend).
Deinen stechenden Blick,
deinen struppigen Bart,
o säh' ich ihn, fasst' ich ihn stets!
Deines stachlichen Haares
strammes Gelock,
umflöss' es Flosshilde ewig!
Deine Krötengestalt,
deiner Stimme Gekrächz,
o dürft' ich staunend und stumm,
sie nur hören und seh'n!

(WOGLINDE und WELLGUNDE sind nah herabgetaucht und schlagen jetzt ein helles Gelächter auf.)

Alberich
(erschreckt aus FLOSSHILDE's Armen auffahrend).
Lacht ihr Bösen mich aus?

Flosshilde
(sich plötzlich ihm entreissend).
Wie billig am Ende vom Lied.
(Sie taucht mit den Schwestern schnell in die Höhe und stimmt in ihr Gelächter ein).

Alberich
(mit kreischender Stimme).

Wehe! ach wehe!
O Schmerz! O Schmerz!
Die dritte, so traut,
betrog sie mich auch? —
Ihr schmählich schlaues,
lüderlich schlechtes Gelichter!
Nährt ihr nur Trug,
ihr treuloses Nickergezücht?

Die drei Rheintöchter.

Wallala! Lalaleia! Lalei!
Heia! Heia! Haha!
Schäme dich, Albe!
Schilt nicht dort unten!
Höre, was wir dich heissen!
Warum, du Banger,
bandest du nicht
das Mädchen, das du minnst?
Treu sind wir
und ohne Trug
dem Freier, der uns fängt. —
Greife nur zu
und grause dich nicht!
In der Fluth entflieh'n wir nicht leicht.

(Sie schwimmen auseinander, hierher und dorthin, bald tiefer, bald höher, um ALBERICH zur Jagd auf sie zu reizen.)

Alberich.

Wie in den Gliedern
brünstige Gluth
mir brennt und glüht!
Wuth und Minne
wild und mächtig
wühlt mir den Muth auf! —
Wie ihr auch lacht und lügt,
lüstern lechz' ich nach euch,
und eine muss mir erliegen!

Er macht sich mit verzweifelter Anstrengung zur Jagd auf: mit grauenhafter Behendigkeit erklimmt er Riff für Riff, springt von einem zum andern, sucht bald dieses bald jenes der Mädchen zu erhaschen, die mit höhnischem Gelächter stets ihm entweichen; er strauchelt, stürzt in den Abgrund hinab, klettert dann hastig wieder zur Höhe, — bis ihm endlich die Geduld entfährt: vor Wuth schäumend hält er athemlos an und streckt die geballte Faust nach den Mädchen hinauf.

Alberich
(kaum seiner mächtig).

Fing' eine diese Faust! ...

Er verbleibt in sprachloser Wuth, den Blick aufwärts gerichtet, wo er dann plötzlich von folgendem Schauspiele angezogen und gefesselt wird.

Durch die Fluth ist von oben her ein immer lichterer Schein gedrungen, der sich nun an einer hohen Stelle des mittleren Riffes zu einem blendend hell strahlenden Goldglanze entzündet: ein zauberisch goldenes Licht bricht von hier durch das Wasser.

Woglinde.

Lugt, Schwestern!
Die Weckerin lacht in den Grund.

Wellgunde.

Durch den grünen Schwall
den wonnigen Schläfer sie grüsst.

Flosshilde.

Jetzt küsst sie sein Auge,
dass er es öff'ne;
schaut, es lächelt
in lichtem Schein;
durch die Fluthen hin
fliesst sein strahlender Stern.

Die Drei
(zusammen das Riff anmuthig umschwimmend).

Heiajaheia!
Heiajaheia!
Wallalallalala leiajahei!
Rheingold!
Rheingold!
Leuchtende Lust,
wie lach'st du so hell und hehr!
Glühender Glanz

entgleisst dir weihlich im Wag!
Heiajahei
Heiajaheia!
Wache, Freund,
wache froh!
Wonnige Spiele
spenden wir dir:
flimmert der Fluss,
flammet die Fluth,
umfliessen wir tauchend,
tanzend und singend,
im seligen Bade dein Bett,
Rheingold!
Rheingold!
Heiajaheia!
Wallalaleia jahei!

Alberich
(dessen Auge, mächtig vom Glanze angezogen, starr an dem Golde haftet).

Was ist's, ihr Glatten,
das dort so gleisst und glänzt?

Die drei Mädchen
(abwechselnd).

Wo bist du Rauher denn heim,
dass vom Rheingold nie du gehört? —
Nichts weiss der Alp
von des Goldes Auge,
das wechselnd wacht und schläft?
von der Wassertiefe
wonnigem Stern,
der hehr die Wogen durchhellt? —
Sieh', wie selig
im Glanze wir gleiten!
Willst du Banger
in ihm dich baden,
so schwimm' und schwelge mit uns!

(Sie lachen.)

Alberich.
Eu'rem Taucherspiele
nur taugte das Gold?
Mir gält' es dann wenig!

Woglinde.
Des Goldes Schmuck
schmähte er nicht,
wüsst' er all' seine Wunder!

Wellgunde.
Der Welt Erbe
gewänne zu eigen,
wer aus dem Rheingold
schüfe den Ring,
der masslose Macht ihm verlieh'.

Flosshilde.
Der Vater sagt' es,
und uns befahl er
klug zu hüten
den klaren Hort,
dass kein Falscher der Fluth ihn entführte:
d'rum schweigt, ihr schwatzendes Heer!

Wellgunde.
Du klügste Schwester!
Verklag'st du uns wohl?
Weisst du denn nicht,
wem allein
das Gold zu schmieden vergönnt?

Woglinde.
Nur wer der Minne
Macht versagt,
nur wer der Liebe
Lust verjagt,
nur der erzielt sich den Zauber,
zum Reif zu zwingen das Gold.

Wellgunde.
Wohl sicher sind wir
und sorgenfrei:

denn was nur lebt will lieben;
meiden will keiner die Minne.

Woglinde.

Am wenigsten er,
der lüsterne Alp:
vor Liebesgier
möcht' er vergeh'n!

Flosshilde.

Nicht fürcht' ich den,
wie ich ihn erfand:
seiner Minne Brunst
brannte fast mich.

Wellgunde.

Ein Schwefelbrand
in der Wogen Schwall:
vor Zorn der Liebe
zischt er laut.

Die Drei
(zusammen).

Wallalalleia! Lahei!
Lieblicher Albe,
lach'st du nicht auch!
In des Goldes Schein
wie leuchtest du schön!
Komm', Lieblicher, lache mit uns!

(Sie lachen.)

Alberich
(die Augen starr auf das Gold gerichtet, hat dem hastigen Geplauder der Schwestern wohl gelauscht).

Der Welt Erbe
gewänn' ich zu eigen durch dich?
Erzwäng' ich nicht Liebe,
doch listig erzwäng' ich mir Lust? —

(Furchtbar laut.)

Spottet nur zu!
Der Nibelung naht eu'rem Spiel!

Wüthend springt er nach dem mittleren Riff hinüber und klettert in grausiger Hast nach dessen Spitze hinauf. Die Mädchen fahren kreischend auseinander und tauchen nach verschiedenen Seiten hin auf.

Die drei Rheintöchter.
Heia! Heia! Heiahahei!
Rettet euch!
es raset der Alp!
in den Wassern sprüht's
wohin er springt:
die Minne macht ihn verrückt!
(Sie lachen im tollsten Uebermuth.)

Alberich
(auf der Spitze des Riffs, die Hand nach dem Golde ausstreckend).
Bangt euch noch nicht?
So buhlt nun im Finstern,
feuchtes Gezücht!
Das Licht lösch' ich euch aus;
das Gold entreiss' ich dem Riff,
schmiede den rächenden Ring:
denn hör' es die Fluth —
so verfluch' ich die Liebe!

Er reisst mit furchtbarer Gewalt das Gold aus dem Riffe und stürzt damit hastig in die Tiefe, wo er schnell verschwindet. Dichte Nacht bricht plötzlich überall herein. Die Mädchen tauchen jach dem Räuber in die Tiefe nach.

Die Rheintöchter
(schreiend).
Haltet den Räuber!
Rettet das Gold!
Hülfe! Hülfe!
Wehe! Wehe!

Die Fluth fällt mit ihnen nach der Tiefe hinab: aus dem untersten Grunde hört man Alberich's gellendes Hohngelächter. — In dichtester Finsterniss verschwinden die Riffe; die ganze Bühne ist von der Höhe bis zur Tiefe von schwarzem Wassergewoge erfüllt, das eine Zeit lang immer noch abwärts zu sinken scheint.

ZWEITE SCENE.

—o—

Allmälig gehen die Wogen in Gewölke über, das sich nach und nach abklärt, und als es sich endlich, wie in feinem Nebel, gänzlich verliert, wird eine

freie Gegend auf Bergeshöhen

sichtbar, anfänglich noch in nächtlicher Beleuchtung. — Der hervorbrechende Tag beleuchtet mit wachsendem Glanze eine Burg mit blinkenden Zinnen, die auf einem Felsgipfel im Hintergrunde steht; zwischen diesem burggekrönten Felsgipfel und dem Vordergrunde der Scene ist ein tiefes Thal, durch welches der Rhein fliesst, anzunehmen. — Zur Seite auf blumigem Grunde liegt WOTAN, neben ihm FRICKA, beide schlafend.

Fricka
(erwacht: ihr Blick fällt auf die Burg; sie staunt und erschrickt).

Wotan! Gemahl! erwache!

Wotan
(im Traume leise).

Der Wonne seligen Saal
bewachen mir Thür und Thor:
Mannes Ehre,
ewige Macht,
ragen zu endlosem Ruhm!

Fricka
(rüttelt ihn).

Auf, aus der Träume
wonnigem Trug!
Erwache, Mann, und erwäge!

Wotan
(erwacht und erhebt sich ein wenig; sein Auge wird sogleich vom Anblick der Burg gefesselt).

Vollendet das ewige Werk:
auf Berges Gipfel
die Götter-Burg,
prunkvoll prahlt
der prangende Bau!
Wie im Traum ich ihn trug,
wie mein Wille ihn wies,
stark und schön

steht er zur Schau;
hehrer, herrlicher Bau!

Fricka.

Nur Wonne schafft dir
was mich erschreckt?
Dich freut die Burg,
  mir bangt es um Freia.
Achtloser, lass dich erinnern
des ausbedungenen Lohn's!
  Die Burg ist fertig,
    verfallen das Pfand:
vergiss'st du, was du vergab'st?

Wotan.

Wohl dünkt mich's, was sie bedangen,
die dort die Burg mir gebaut;
  durch Vertrag zähmt' ich
  ihr trotzig Gezücht,
  dass sie die hehre
  Halle mir schüfen;
die steht nun — Dank den Starken: —
um den Sold sorge dich nicht.

Fricka.

O lachend frevelnder Leichtsinn!
Liebelosester Frohmuth!
Wusst' ich um eu'ren Vertrag,
dem Truge hätt' ich gewehrt;
  doch muthig entferntet
  ihr Männer die Frauen,
um taub und ruhig vor uns
allein mit den Riesen zu tagen.
  So ohne Scham
    verschenktet ihr Frechen
Freia, mein holdes Geschwister,
froh des Schächergewerb's. —
  Was ist euch Harten
  doch heilig und werth,
giert ihr Männer nach Macht!

Wotan.

Gleiche Gier
war Fricka wohl fremd,
als selbst um den Bau sie bat?

Fricka.

Um des Gatten Treue besorgt
muss traurig ich wohl sinnen,
wie an mich er zu fesseln,
zieht's in die Ferne ihn fort:
herrliche Wohnung,
wonniger Hausrath,
sollten mit sanftem Band
dich binden zu säumender Rast.
Doch du bei dem Wohnbau sannst
auf Wehr und Wall allein:
Herrschaft und Macht
soll er dir mehren;
nur rastlosern Sturm zu erregen
erstand die ragende Burg.

Wotan
(lächelnd).

Wolltest du Frau
in der Feste mich fangen,
mir Gotte musst du schon gönnen,
dass, in der Burg
gebunden, ich mir
von aussen gewinne die Welt.
Wandel und Wechsel
liebt wer lebt:
das Spiel drum kann ich nicht sparen.

Fricka.

Liebeloser,
leidigster Mann!
Um der Macht und Herrschaft
müssigen Tand
verspielst du in lästerndem Spott
Liebe und Weibes Werth?

Wotan
(ernst).

Um dich zum Weib zu gewinnen,
mein eines Auge
setzt' ich werbend daran:
wie thörig tadelst du jetzt!
Ehr' ich die Frauen
doch mehr als dich freut!
Und Freia, die gute,
geb' ich nicht auf:
nie sann dies ernstlich mein Sinn.

Fricka.

So schirme sie jetzt:
in schutzloser Angst
läuft sie nach Hülf' dort her!

Freia
(hastig auftretend).

Hilf mir, Schwester!
Schütze mich, Schwäher!
Vom Felsen drüben
drohte mir Fasolt,
mich Holde käm' er zu holen.

Wotan.

Lass' ihn droh'n! —
Sah'st du nicht Loge?

Fricka.

Dass am liebsten du immer
dem Listigen trau'st!
Manch Schlimmes schuf er uns schon,
doch stets bestrickt er dich wieder.

Wotan.

Wo freier Muth frommt
allein, frag' ich nach keinem;
doch des Feindes Neid
zum Nutz' sich fügen,
lehrt nur Schlauheit und List,
wie Loge verschlagen sie übt.

Der zum Vertrage mir rieth,
versprach Freia zu lösen:
auf ihn verlass' ich mich nun.

Fricka.

Und er lässt dich allein. —
Dort schreiten rasch
die Riesen heran:
wo harrt dein schlauer Gehülf?

Freia.

Wo harren meine Brüder,
dass Hülfe sie brächten,
da mein Schwäher die Schwache verschenkt?
Zu Hülfe, Donner!
Hieher! Hieher!
Rette Freia, mein Froh!

Fricka.

Die in bösem Bund dich verriethen,
sie alle bergen sich nun.

Fasolt und Fafner
(beide in riesiger Gestalt, mit starken Pfählen bewaffnet, treten auf).

Fasolt.

Sanft schloss
Schlaf dein Aug':
wir beide bauten
Schlummers bar die Burg.
Mächt'ger Müh'
müde nie,
stau'ten starke
Stein' wir auf;
steiler Thurm,
Thür' und Thor,
deckt und schliesst
im schlanken Schloss den Saal.
Dort steht's,
was wir stemmten;
schimmernd hell
bescheint's der Tag:

zieh' nun ein,
uns zahl den Lohn!

Wotan.

Nennt, Leute, den Lohn:
was dünkt euch zu bedingen?

Fasolt.

Bedungen ist's,
was tauglich uns dünkt:
gemahnt es dich so matt?
Freia, die holde,
Holda, die freie —
vertragen ist's —
sie tragen wir heim.

Wotan.

Seid ihr bei Trost
mit eurem Vertrag?
Denkt auf andern Dank:
Freia ist mir nicht feil.

Fasolt
(vor wüthendem Erstaunen einen Augenblick sprachlos).

Was sagst du, ha!
Sinnst du Verrath?
Verrath am Vertrag?
Die dein Speer birgt,
sind sie dir Spiel,
des berath'nen Bundes Runen?

Fafner
(höhnisch).

Getreu'ster Bruder!
Merkst du Tropf nun Betrug?

Fasolt.

Lichtsohn du,
leicht gefügter,
hör' und hüte dich:
Verträgen halte Treu'!
Was du bist,
bist du nur durch Verträge:

bedungen ist,
wohl bedacht deine Macht.
Bist weiser du
als witzig wir sind,
bandest uns Freie
zum Frieden du:
all deinem Wissen fluch' ich,
fliehe weit deinen Frieden,
weisst du nicht offen,
ehrlich und frei,
Verträgen zu wahren die Treu'! —
Ein dummer Riese
räth' dir das:
du Weiser, wiss' es von ihm!

Wotan.

Wie schlau für Ernst du achtest,
was wir zum Scherz nur beschlossen.
Die liebliche Göttin,
licht und leicht,
was taugt euch Tölpeln ihr Reiz?

Fasolt.

Höhn'st du uns?
Ha! wie unrecht! —
Die ihr durch Schönheit herrscht,
schimmernd hehres Geschlecht,
wie thörig strebt ihr
nach Thürmen von Stein,
setzt um Burg und Saal
Weibes Wonne zum Pfand!
Wir Plumpen plagen uns
schwitzend mit schwieliger Hand,
ein Weib zu gewinnen,
das wonnig und mild
bei uns Armen wohne: —
und verkehrt nennt ihr den Kauf:

Fafner.

Schweig' dein faules Schwatzen,

Gewinn werben wir nicht:
  Freia's Haft
  hilft wenig;
  doch viel gilt's
den Göttern sie zu entführen.
  Gold'ne Aepfel
wachsen in ihrem Garten;
  sie allein
weiss die Aepfel zu pflegen:
  der Frucht Genuss
  frommt ihren Sippen
  zu ewig nie
  alternder Jugend;
  siech und bleich
  doch sinkt ihre Blüthe,
  alt und schwach
  schwinden sie hin,
müssen Freia sie missen:
ihrer Mitte drum sei sie entführt!

Wotan
(für sich).
Loge säumt zu lang!

Fasolt.
Schlicht gieb nun Bescheid!

Wotan.
Sinnt auf andern Sold!

Fasolt.
Kein andrer: Freia allein!

Fafner.
Du da, folg' uns fort!
(Sie dringen auf FREIA ein.)

Freia
(fliehend).
Helft! helft vor den Harten!

Donner und Froh
(kommen eilig).

Froh
(Freia in seine Arme fassend).
Zu mir, Freia! —
Meide sie, Frecher!
Froh schützt die Schöne.

Donner
(sich vor die beiden Riesen stellend).
Fasolt und Fafner,
fühltet ihr schon
meines Hammers harten Schlag?

Fafner.
Was soll das Droh'n?

Fasolt.
Was dringst du her?
Kampf kies'ten wir nicht,
verlangen nur unsren Lohn.

Donner
(den Hammer schwingend).
Schon oft zahlt' ich
Riesen den Zoll;
schuldig blieb ich
Schächern nie:
kommt her! des Lohnes Last
wäg' ich mit gutem Gewicht!

Wotan
(seinen Speer zwischen den Streitenden ausstreckend).
Halt, du Wilder!
Nichts durch Gewalt!
Verträge schützt
meines Speeres Schaft:
spar' deines Hammers Heft!

Freia.
Wehe! Wehe!
Wotan verlässt mich!

Fricka.
Begreif' ich dich noch,
grausamer Mann?

Wotan
(wendet sich ab und sieht Loge kommen).
Endlich Loge!
Eiltest du so,
den du geschlossen,
den schlimmen Handel zu schlichten?

Loge
(ist im Hintergrunde aus dem Thale aufgetreten).
Wie? welchen Handel
hätt' ich geschlossen?
Wohl was mit den Riesen
dort im Rathe du dangst? —
In Tiefen und Höh'n
treibt mich mein Hang;
Haus und Herd
behagt mir nicht:
Donner und Froh,
die denken an Dach und Fach;
wollen sie frei'n,
ein Haus muss sie erfreu'n:
ein stolzer Saal,
ein starkes Schloss,
danach stand Wotan's Wunsch. —
Haus und Hof,
Saal und Schloss,
die selige Burg,
sie steht nun stark gebaut;
das Prachtgemäuer
prüfte ich selbst;
ob alles fest
forscht' ich genau:
Fasolt und Fafner
fand ich bewährt:
kein Stein wankt im Gestemm'.
Nicht müssig war ich,
wie mancher hier:
der lügt, wer lässig mich schilt!

Wotan.
Arglistig
weichst du mir aus:
mich zu betrügen
hüte in Treuen dich wohl!
Von allen Göttern
dein einz'ger Freund,
nahm ich dich auf
in der übel trauenden Tross. —
Nun red' und rathe klug!
Da einst die Bauer der Burg
zum Dank Freia bedangen,
du weisst, nicht anders
willigt' ich ein,
als weil auf Pflicht du gelobtest
zu lösen das hehre Pfand.

Loge.
Mit höchster Sorge
drauf zu sinnen,
wie es zu lösen,
das — hab' ich gelobt:
doch dass ich fände,
was nie sich fügt,
was nie gelingt,
wie liess sich das wohl geloben?

Fricka
(zu Wotan).
Sieh, welch' trugvollem
Schelm du getraut!

Froh.
Loge heisst du,
doch nenn' ich dich Lüge!

Donner.
Verfluchte Lohe,
dich lösch' ich aus!

Loge.
Ihre Schmach zu decken
schmähen mich Dumme.
(DONNER und FROH wollen ihm zu Leibe.)

Wotan
(wehrt ihnen).
In Frieden lasst mir den Freund!
Nicht kennt ihr Loge's Kunst:
reicher wiegt
seines Rathes Werth,
zahlt er zögernd ihn aus.

Fafner.
Nichts gezögert:
rasch gezahlt!

Fasolt.
Lang währt's mit dem Lohn.

Wotan
(zu Loge).
Jetzt hör', Störrischer!
halte mir Stich!
Wo schweiftest du hin und her?

Loge.
Immer ist Undank
Loge's Lohn!
Um dich nur besorgt
sah ich mich um,
durchstöbert' im Sturm
alle Winkel der Welt,
Ersatz für Freia zu suchen,
wie er den Riesen wohl recht.
Umsonst sucht' ich
und sehe nun wohl,
in der Welten Ring
nichts ist so reich,
als Ersatz zu muthen dem Mann
für Weibes Wonne und Werth.
(Alle gerathen in Erstaunen und Betroffenheit.)

So weit Leben und Weben,
in Wasser, Erd und Luft,
  viel frug ich,
  forschte bei allen,
  wo Kraft nur sich rührt
  und Keime sich regen:
  was wohl dem Manne
  mächtiger dünk',
als Weibes Wonne und Werth?
Doch so weit Leben und Weben,
  verlacht nur ward
  meine fragende List:
in Wasser, Erd' und Luft
  lassen will nichts
  von Lieb' und Weib. —
  Nur einen sah ich,
  der sagte der Liebe ab:
  um rothes Gold
entrieth er des Weibes Gunst.
Des Rheines klare Kinder
klagten mir ihre Noth:
  der Nibelung,
  Nacht-Alberich,
  buhlte vergebens
  um der Badenden Gunst;
  das Rheingold da
raubte sich rächend der Dieb:
  das dünkt ihm nun
  das theuerste Gut,
hehrer als Weibes Huld.
  Um den gleissenden Tand,
  der Tiefe entwandt,
erklang mir der Töchter Klage:
  an dich, Wotan,
  wenden sie sich,
dass zu Recht du zögest den Räuber,
  das Gold dem Wasser
  wieder gebest,

und ewig es bliebe ihr Eigen. —
Dir's zu melden
gelobt' ich den Mädchen:
nun lös'te Loge sein Wort.

Wotan.
Thörig bist du,
wenn nicht gar tückisch!
Mich selbst siehst du in Noth:
wie hülf' ich andren zum Heil?

Fasolt
(der aufmerksam zugehört, zu Fafner).
Nicht gönn' ich das Gold dem Alben,
viel Noth schuf uns der Niblung,
doch schlau entschlüpfte immer
unsrem Zwange der Zwerg.

Fafner.
Neue Neidthat
sinnt uns der Niblung,
giebt das Gold ihm Macht. —
Du da, Loge!
Sag' ohne Lug:
was Grosses gilt denn das Gold,
dass es dem Niblung genügt?

Loge.
Ein Tand ist's
In des Wassers Tiefe,
lachenden Kindern zur Lust:
doch, ward es zum runden
Reife geschmiedet,
hilft es zu höchster Macht,
gewinnt dem Manne die Welt.

Wotan.
Von des Rheines Gold
hört' ich raunen:
Beute-Runen
berge sein rother Glanz,

Macht und Schätze
schüf' ohne Mass ein Reif.

Fricka.
Taugte wohl auch
des gold'nen Tandes
gleissend Geschmeid
Frauen zu schönem Schmuck?

Loge.
Des Gatten Treu'
ertrotzte die Frau,
trüge sie hold
den hellen Schmuck?
den schimmernd Zwerge schmieden,
rührig im Zwange des Reif's.

Fricka.
Gewänne mein Gatte
wohl sich das Gold?

Wotan.
Des Reifes zu walten,
räthlich will es mich dünken. —
Doch wie, Loge,
lernt' ich die Kunst?
wie schüf' ich mir das Geschmeid?

Loge.
Ein Runenzauber
zwingt das Gold zum Reif:
keiner kennt ihn;
doch einer übt ihn leicht,
der sel'ger Lieb' entsagt.
(WOTAN wendet sich unmuthig ab.)
Das spar'st du wohl;
zu spät auch käm'st du:
Alberich zögerte nicht;
zaglos gewann er
des Zaubers Macht:
gerathen ist ihm der Ring.

Donner.
Zwang uns allen
schüfe der Zwerg,
würd' ihm der Reif nicht entrissen.

Wotan.
Den Ring muss ich haben!

Froh.
Leicht erringt
ohne Liebesfluch er sich jetzt.

Loge.
Spott-leicht,
ohne Kunst wie im Kinder-Spiel!

Wotan.
So rathe, wie?

Loge.
Durch Raub!
Was ein Dieb stahl,
das stiehlst du dem Dieb:
ward leichter ein Eigen erlangt? —
Doch mit arger Wehr
wahrt sich Alberich;
klug und fein
musst du verfahren,
ziehst du den Räuber zu Recht,
um des Rheines Töchtern
den rothen Tand,
das Gold, wieder zu geben:
denn darum bitten sie dich.

Wotan.
Des Rheines Töchter?
Was taugt mir der Rath?

Fricka.
Von dem Wassergezücht
mag ich nichts wissen:
schon manchen Mann
— mir zum Leid —
verlockten sie buhlend im Bad.

WOTAN steht stumm mit sich kämpfend; die übrigen Götter heften in schweigender Spannung die Blicke auf ihn. — Während dem hat FAFNER bei Seite mit FASOLT berathen.

Fafner.

Glaub' mir, mehr als Freia
frommt das gleissende Gold:
auch ew'ge Jugend erjagt,
wer durch Goldes Zauber sie zwingt.
(Sie treten wieder heran.)
Hör', Wotan,
der Harrenden Wort:
Freia bleib' euch in Frieden;
leichter'n Lohn
fand ich zur Lösung:
uns rauhen Riesen genügt
des Niblungen rothes Gold.

Wotan.

Seid ihr bei Sinn?
was nicht ich besitze,
soll ich euch Schamlosen schenken?

Fafner.

Schwer baute
dort sich die Burg:
leicht wird's dir
mit list'ger Gewalt
(was im Neidspiel nie uns gelang)
den Niblungen fest zu fah'n.

Wotan.

Für euch müht' ich
mich um den Alben?
für euch fing' ich den Feind?
Unverschämt
und überbegehrlich
macht euch Dumme mein Dank!

Fasolt
(ergreift plötzlich FREIA und führt sie mit FAFNER zur Seite).

Hieher, Maid!
in uns're Macht!

Als Pfand folgst du jetzt,
bis wir Lösung empfahn.
(FREIA schreit laut auf: alle Götter sind in höchster Bestürzung.)

Fafner.
Fort von hier
sei sie entführt!
Bis Abend, achtet's wohl,
pflegen wir sie als Pfand:
wir kehren wieder;
doch kommen wir,
und bereit liegt nicht als Lösung
das Rheingold roth und licht —

Fasolt.
Zu End' ist die Frist dann,
Freia verfallen;
für immer folge sie uns!

Freia.
Schwester! Brüder!
Rettet! helft!
(Sie wird von den hastig enteilenden Riesen fortgetragen: in der Ferne hören die bestürzten Götter ihren Wehruf verhallen.)

Froh.
Auf, ihnen nach!

Donner.
Breche denn alles!
(Sie blicken WOTAN fragend an.)

Loge
(den Riesen nachsehend).
Ueber Stock und Stein zu Thal
stapfen sie hin;
durch des Rheines Wasserfurth
waten die Riesen:
fröhlich nicht
hängt Freia
den Rauhen über dem Rücken! —
Heia! hei!
Wie taumeln die Tölpel dahin!

Durch das Thal talpen sie schon:
wohl an Riesenheim's Mark
erst halten sie Rast!
(Er wendet sich zu den Göttern.)
Was sinnt nun Wotan so wild? —
Den seligen Göttern wie geht's?

Ein fahler Nebel erfüllt mit wachsender Dichtheit die Bühne, in ihm erhalten die Götter ein zunehmend bleiches und ältliches Aussehen; alle stehen bang und erwartungsvoll auf Wotan blickend, der sinnend die Augen an den Boden heftet.

Loge.
Trügt mich ein Nebel?
neckt mich ein Traum?
Wie bang und bleich
verblüht ihr so bald!
Euch erlischt der Wangen Licht;
der Blick eures Auges verblitzt! —
Frisch, mein Froh,
noch ist's ja früh! —
Deiner Hand, Donner,
entfällt ja der Hammer! —
Was ist's mit Fricka?
freut sie sich wenig
ob Wotan's grämlichem Grau,
das schier zum Greisen ihn schafft?

Fricka.
Wehe'! Wehe!
Was ist geschehen?

Donner.
Mir sinkt die Hand.

Froh.
Mir stockt das Herz.

Loge.
Jetzt fand ich's: hört, was euch fehlt!
Von Freia's Frucht
genosset ihr heute noch nicht:
die gold'nen Aepfel
in ihrem Garten,

sie machten euch tüchtig und jung
ass't ihr sie jeden Tag.
   Des Gartens Pflegerin
   ist nun verpfändet;
   an den Aesten darbt
   und dorrt das Obst:
bald fällt faul es herab. —
   Mich kümmert's minder;
   an mich kargte
   Freia von je
knausernd die köstliche Frucht:
   denn halb so ächt nur
bin ich wie, Herrliche, ihr!
   Doch ihr setztet alles
   auf das jüngende Obst:
   das wussten die Riesen wohl;
   auf euer Leben
   legten sie's an:
nun sorgt, wie ihr das wahrt!
   Ohne die Aepfel
   alt und grau,
   greis und grämlich,
welkend zum Spott aller Welt,
erstirbt der Götter Stamm.

          Fricka.
   Wotan, Gemahl,
   unsel'ger Mann!
   Sieh, wie dein Leichtsinn
   lachend uns allen
Schimpf und Schmach erschuf!

          Wotan
  (mit plötzlichem Entschluss auffahrend).
   Auf, Loge!
   hinab mit mir!
Nach Nibelheim fahren wir nieder:
gewinnen will ich das Gold.

Loge.
Die Rheintöchter
riefen dich an:
so dürfen Erhörung sie hoffen?

Wotan
(heftig).
Schweige, Schwätzer!
Freia, die gute,
Freia gilt es zu lösen.

Loge.
Wie du befiehlst
führ' ich dich gern:
steil hinab
steigen wir denn durch den Rhein?

Wotan.
Nicht durch den Rhein!

Loge.
So schwingen wir uns
durch die Schwefelkluft:
dort schlüpfe mit mir hinein!

Er geht voran und verschwindet seitwärts in einer Kluft, aus der sogleich ein schwefliger Dampf hervorquillt.

Wotan.
Ihr andren harrt
bis Abend hier:
verlor'ner Jugend
erjag' ich erlösendes Gold!

Er steigt Loge nach in die Kluft hinab: der aus ihr dringende Schwefeldampf verbreitet sich über die ganze Bühne und erfüllt diese schnell mit dickem Gewölk. Bereits sind die Zurückbleibenden unsichtbar.

Donner.
Fahre wohl, Wotan!

Froh.
Glück auf! Glück auf!

Fricka.
O kehre bald
zur bangenden Frau!

Der Schwefeldampf verdüstert sich bis zu ganz schwarzem Gewölk, welches von unten nach oben steigt; dann verwandelt sich dieses in festes, finstres Steingeklüft, das sich immer aufwärts bewegt, so dass es den Anschein hat, als sänke die Scene immer tiefer in die Erde hinab.

---o---

DRITTE SCENE.

—o—

Endlich dämmert von verschiedenen Seiten aus der Ferne her, dunkelrother Schein auf: eine unabsehbar weit sich dahinziehende
unterirdische Kluft
wird erkennbar, die nach allen Seiten hin in enge Schachte auszumünden scheint.
ALBERICH zerrt den kreischenden MIME an den Ohren aus einer Seitenschlufft herbei.

Alberich.
Hehe! hehe!
hieher! hieher!
Tückischer Zwerg!
tapfer gezwickt
sollst du mir sein,
schaffst du nicht fertig,
wie ich's bestellt,
zur Stund' das feine Geschmeid!

Mime
(heulend).
Ohe! Ohe!
Au! Au!
Lass' mich nur los!
Fertig ist es,
wie du befahlst;
mit Fleiss und Schweiss
ist es gefügt:
nimm nur die Nägel vom Ohr!

Alberich
(loslassend).
Was zögerst du dann
und zeigst es nicht?

Mime.
Ich Armer zagte,
dass noch was fehle.

Alberich.
Was wär' noch nicht fertig?

Mime
(verlegen).
Hier ... und da ...

Alberich.
Was hier und da?
Her das Gewirk!

Er will ihm wieder an das Ohr fahren: vor Schreck lässt MIME ein metallenes Gewirke, das er krampfhaft in den Händen hielt, sich entfallen. ALBERICH hebt es hastig auf und prüft es genau.

Schau' du Schelm!
Alles geschmiedet
und fertig gefügt,
wie ich's befahl!
So wollte der Tropf
schlau mich betrügen?
für sich behalten
das hehre Geschmeid,
das meine List
ihn zu schmieden gelehrt?
kenn' ich dich dummen Dieb?

(Er setzt das Gewirk als „Tarnhelm" auf den Kopf.)

Dem Haupt fügt sich der Helm:
ob sich der Zauber auch zeigt?
— „Nacht und Nebel,
Niemand gleich!" —

(Seine Gestalt verschwindet: statt ihrer gewahrt man eine Nebelsäule.)

Siehst du mich, Bruder?

Mime
(blickt sich verwundert um).
Wo bist du? ich sehe dich nicht.

Alberich's
(Stimme).
So fühle mich doch

du fauler Schuft!
Nimm' das für dein Diebsgelüst!

Mime
(schreit und windet sich unter empfangenen Geisselhieben, deren Fall man vernimmt ohne die Geissel selbst zu sehen).

Alberich's
(Stimme, lachend).
Dank, du Dummer!
Dein Werk bewährt sich gut. —
Hoho! hoho!
Niblungen all,
neigt euch Alberich!
Ueberall weilt er nun,
euch zu bewachen;
Ruh' und Rast
ist euch zerronnen;
ihm müsst ihr schaffen,
wo nicht ihr ihn schaut;
wo ihr nicht ihn gewahrt,
seid seiner gewärtig:
unterthan seid ihr ihm immer!
Hoho! hoho!
hört ihn: er naht,
der Niblungen-Herr!

Die Nebelsäule verschwindet dem Hintergrunde zu: man hört in immer weiterer Ferne ALBERICH's Toben und Zanken; Geheul und Geschrei antwortet ihm aus den untern Klüften, das sich endlich in immer weitere Ferne unhörbar verliert. — MIME ist vor Schmerz zusammengesunken: sein Stöhnen und Wimmern wird von WOTAN und LOGE gehört, die aus einer Schlufft von oben her sich herablassen.

Loge.
Nibelheim hier:
durch bleiche Nebel
wie blitzen dort feurige Funken!

Wotan.
Hier stöhnt es laut:
was liegt im Gestein?

Loge
(neigt sich zu Mime).

Was Wunder wimmerst du hier?

Mime.
Ohe! Ohe!
Au! Au!

Loge.
Hei, Mime! Muntrer Zwerg!
was zwingt und zwackt dich denn so?

Mime.
Lass' mich in Frieden!

Loge.
Das will ich freilich,
und mehr noch, hör':
helfen will ich dir, Mime!

Mime
(sich etwas aufrichtend).

Wer hälfe mir?
Gehorchen muss ich
dem leiblichen Bruder,
der mich in Bande gelegt.

Loge.
Dich, Mime, zu binden
was gab ihm die Macht?

Mime.
Mit arger List
schuf sich Alberich
aus Rheines Gold
einen gelben Reif:
seinem starken Zauber
zittern wir staunend;
mit ihm zwingt er uns alle,
der Niblungen nächtiges Heer. —
Sorglose Schmiede,
schufen wir sonst wohl
Schmuck unsren Weibern,
wonnig Geschmeid,

niedlichen Niblungentand:
wir lachten lustig der Müh'.
Nun zwingt uns der Schlimme
in Klüfte zu schlüpfen,
für ihn allein
uns immer zu müh'n.
Durch des Ringes Gold
erräth seine Gier,
wo neuer Schimmer
in Schachten sich birgt:
da müssen wir spähen,
spüren und graben,
die Beute schmelzen
und schmieden den Guss,
ohne Ruh' und Rast
den Hort zu häufen dem Herrn.

Loge.
Den Trägen so eben
traf wohl sein Zorn?

Mime.
Mich Armen, ach!
mich zwang er zum ärgsten:
ein Helmgeschmeid
hiess er mich schweissen;
genau befahl er,
wie es zu fügen.
Wohl merkt' ich klug,
welch' mächt'ge Kraft
zu eigen dem Werk,
das aus Erz ich wirkte:
für mich drum hüten
wollt' ich den Helm,
durch seinen Zauber
Alberich's Zwang mich entzieh'n —
vielleicht, ja vielleicht
den Lästigen selbst überlisten,
in meine Gewalt ihn zu werfen,

den Ring ihm zu entreissen,
dass, wie ich Knecht jetzt dem Kühnen,
mir Freien er selber dann fröhn'!

Loge.
Warum, du Kluger,
glückte dir's nicht?

Mime.
Ach, der das Werk ich wirkte,
den Zauber, der ihm entzuckt,
den Zauber errieth ich nicht recht!
Der das Werk mir rieth,
und mir's entriss,
der lehrte mich nun
— doch leider zu spät! —
welche List läg' in dem Helm:
meinem Blick entschwand er,
doch Schwielen dem Blinden
schlug unschaubar sein Arm.
Das schuf ich mir Dummen
schön zu Dank!

(Er streicht sich heulend den Rücken. Die Götter lachen.)

Loge
(zu WOTAN).
Gesteh', nicht leicht
gelingt der Fang.

Wotan.
Doch erliegt der Feind,
hilft deine List.

Mime
(von dem Lachen der Götter betroffen, betrachtet diese aufmerksamer).
Mit eurem Gefrage
wer seid denn ihr Fremde?

Loge.
Freunde dir;
von ihrer Noth
befrei'n wir der Niblungen Volk.

(ALBERICHs Zanken und Züchtigen nähert sich wieder.)

Mime.
Nehmt euch in Acht!
Alberich naht.

Wotan.
Sein harren wir hier.

Er setzt sich ruhig auf einen Stein; LOGE lehnt ihm zur Seite. — ALBERICH, der den Tarnhelm vom Haupte genommen und in den Gürtel gehängt hat, treibt mit geschwungener Geissel aus der untern, tiefer gelegenen Schlucht, aufwärts eine Schaar NIBELUNGEN vor sich her: diese sind mit goldenem und silbernem Geschmeide beladen, das sie, unter Alberich's stetem Schimpfen und Schelten, all auf einen Haufen speichern und so zu einem Horte häufen.

Alberich.
Hieher! Dorthin!
Hehe! Hoho!
Träges Heer,
dort zu Hauf
schichtet den Hort!
Du da, hinauf!
Willst du voran?
Schmähliches Volk,
ab das Geschmeide!
Soll ich euch helfen?
Alles hieher!
(Er gewahrt plötzlich WOTAN und LOGE.)
He! wer ist dort?
Wer drang hier ein? —
Mime! Zu mir,
schäbiger Schuft!
Schwatztest du gar
mit dem schweifenden Paar?
Fort! du Fauler!
Willst du gleich schmieden und schaffen?
(Er treibt MIME mit Geisselhieben unter den Haufen der Nibelungen hinein.)
He! an die Arbeit!
Alle von hinnen!
Hurtig hinab!

Aus den neuen Schachten
schafft mir das Gold!
Euch grüsst die Geissel,
grabt ihr nicht rasch!
Dass keiner mir müssig
bürge mir Mime,
sonst birgt er sich schwer
meines Armes Schwunge:
dass ich überall weile,
wo Niemand es wähnt,
das weiss er, dünkt mich, genau. —
Zögert ihr noch?
Zaudert wohl gar?

(Er zieht den Ring vom Finger, küsst ihn und streckt ihn drohend aus.)

Zittre und zage,
gezähmtes Heer:
rasch gehorcht
des Ringes Herrn!

Unter Geheul und Gekreisch stieben die NIBELUNGEN (unter ihnen MIME) auseinander, und schlüpfen nach allen Seiten in die Schachte hinab.

Alberich
(grimmig auf WOTAN und LOGE zutretend).
Was sucht ihr hier?

Wotan.
Von Nibelheim's nächt'gem Land
vernahmen wir neue Mähr':
mächt'ge Wunder
wirke hier Alberich;
daran uns zu weiden
trieb uns Gäste die Gier.

Alberich.
Nach Nibelheim
führt euch wohl Neid:
so kühne Gäste,
glaubt, kenn' ich gar gut.

Loge.
Kennst du mich gut,
kindischer Alp?
Nun sag': wer bin ich,
dass du so bell'st?
Im kalten Loch,
da kauernd du lag'st,
wer gab dir Licht
und wärmende Lohe,
wenn Loge nie dir gelacht?
Was hülf' dir dein Schmieden,
heizt' ich die Schmiede dir nicht?
Dir bin ich Vetter,
und war dir Freund:
nicht fein drum dünkt mich dein Dank!

Alberich.
Den Lichtalben
lacht jetzt Loge,
der listige Schelm:
bist du Falscher ihr Freund,
wie mir Freund du einst warst
haha! mich freut's!
von ihnen fürcht' ich dann nichts.

Loge.
So denk' ich, kannst du mir trau'n?

Alberich.
Deiner Untreu' trau' ich,
nicht deiner Treu'! —
Doch getrost trotz' ich euch allen.

Loge.
Hohen Muth
verleiht deine Macht:
grimmig gross
wuchs dir die Kraft.

Alberich.
Siehst du den Hort,

den mein Heer
dort mir gehäuft?
Loge.
So neidlichen sah ich noch nie.
Alberich.
Das ist für heut'
ein kärglich Häufchen:
kühn und mächtig
soll es künftig sich mehren.
Wotan.
Zu was doch frommt dir der Hort
da freudlos Nibelheim,
und nichts um Schätze hier feil?
Alberich.
Schätze zu schaffen
und Schätze zu bergen,
nützt mir Nibelheims Nacht;
doch mit dem Hort,
in der Höhle gehäuft,
denk ich dann Wunder zu wirken:
die ganze Welt
gewinn' ich mit ihm mir zu eigen.
Wotan.
Wie beginnst du, Gütiger, das?
Alberich.
Die in linder Lüfte Weh'n
da oben ihr lebt,
lacht und liebt:
mit gold'ner Faust
euch Göttliche fang' ich mir alle!
Wie ich der Liebe abgesagt,
Alles was lebt
soll ihr entsagen:
mit Golde gegirrt,
nach Gold nur sollt ihr noch gieren.
Auf wonnigen Höh'n
in seligem Weben

wiegt ihr euch,
den Schwarz-Alben
verachtet ihr ewigen Schwelger: —
habt Acht!
habt Acht! —
denn dient ihr Männer
erst meiner Macht,
eure schmucken Frau'n —
die mein Frei'n verschmäht —
sie zwingt zur Lust sich der Zwerg,
lacht Liebe ihm nicht. —
Hahahaha!
hört ihr mich recht?
Habt Acht!
Habt Acht vor dem nächtlichen Heer,
entsteigt des Niblungen Hort
aus stummer Tiefe zu Tag!

    Wotan
   (auffahrend).
Vergeh', frevelnder Gauch!

    Alberich.
Was sagt der?

    Loge
  (ist dazwischen getreten).
Sei doch bei Sinnen!
  (Zu ALBERICH.)
Wen doch fasste nicht Wunder,
erfährt er Alberichs Werk?
Gelingt deiner herrlichen List,
Was mit dem Hort du heischest,
Den Mächtigsten muss ich dich rühmen!
 denn Mond und Stern'
  und die strahlende Sonne,
sie auch dürfen nicht anders,
dienen müssen sie dir. —
Doch wichtig acht' ich vor allem,

dass des Hortes Häufer,
der Niblungen Heer,
neidlos dir geneigt.
Einen Ring rührtest du kühn,
dem zagte zitternd dein Volk:
doch wenn im Schlaf
ein Dieb dich beschlich,
den Ring schlau dir entriss',
wie wahrtest du Weiser dich dann?

Alberich.
Der Listigste dünkt sich Loge;
andre denkt er
immer sich dumm:
dass sein' ich bedürfte
zu Rath und Dienst
um harten Dank,
das hörte der Dieb jetzt gern! —
Den hehlenden Helm
ersann ich mir selbst;
der sorglichste Schmied,
Mime, musst ihn mir schmieden:
schnell mich zu wandeln
nach meinem Wunsch,
die Gestalt mir zu tauschen,
taugt mir der Helm;
niemand sieht mich,
wenn er mich sucht;
doch überall bin ich,
geborgen dem Blick.
So ohne Sorge
bin ich selbst sicher vor dir,
du fromm sorgender Freund!

Loge.
Vieles sah ich,
Seltsames fand ich:
doch solches Wunder
gewahrt' ich nie.

Dem Werk ohne Gleichen
kann ich nicht glauben;
wäre dies einz'ge möglich,
deine Macht währte dann ewig.

Alberich.
Meinst du, ich lüg'
und prahle wie Loge?

Loge.
Bis ich's geprüft,
bezweifl' ich, Zwerg, dein Wort.

Alberich.
Vor Klugheit bläht sich
zum platzen der Blöde:
nun plage dich Neid!
Bestimm', in welcher Gestalt
soll ich jach vor dir stehn?

Loge.
In welcher du willst:
nur mach' vor Staunen mich stumm!

Alberich
(hat den Helm aufgesetzt).

„Riesen-Wurm
winde dich ringelnd!"

Sogleich verschwindet er: eine ungeheure R i e s e n s c h l a n g e windet sich statt seiner am Boden; sie bäumt sich und streckt den aufgesperrten Rachen nach WOTAN und LOGE hin.

Loge
(stellt sich von Furcht ergriffen).

Ohe! Ohe!
schreckliche Schlange!
verschling' mich nicht!
Schone Logen das Leben!

Wotan
(lacht).

Gut, Alberich!
gut, du Arger!
Wie wuchs so rasch
zum riesigen Wurme der Zwerg!

Die Schlange verschwindet und statt ihrer erscheint sogleich
ALBERICH wieder in seiner wirklichen Gestalt.

Alberich.
Hehe! Ihr Klugen,
glaubt ihr mir nun?

Loge.
Mein Zittern mag dir's bezeugen.
Zur grossen Schlange
schuf'st du dich schnell:
weil ich's gewahrt,
willig glaub' ich das Wunder.
Doch, wie du wuchsest,
kannst du auch winzig
und klein dich schaffen?
Das Klügste schiene mir das,
Gefahren schlau zu entflieh'n:
das aber dünkt mich zu schwer!

Alberich.
Zu schwer dir,
weil du zu dumm!
Wie klein soll ich sein?

Loge.
Dass die engste Klinze dich fasse,
wo bang die Kröte sich birgt.

Alberich.
Pah! nichts leichter!
Luge du her!
(Er setzt den Tarnhelm wieder auf.)
„Krumm und grau
krieche Kröte!"

Er verschwindet: die Götter gewahren im Gestein eine Kröte
auf sich zukriechen.

Loge
(zu WOTAN).
Dort die Kröte,
greife sie rasch!

WOTAN setzt seinen Fuss auf die Kröte: LOGE fährt ihr nach
dem Kopfe und hält den Tarnhelm in der Hand.

Alberich
(wird plötzlich in seiner wirklichen Gestalt sichtbar, wie er sich unter WOTAN's Fusse windet).
Ohe! Verflucht!
ich bin gefangen!

Loge.
Halt' ihn fest,
bis ich ihn band.

Er hat ein Bastseil hervorgeholt, und bindet ALBERICH damit Arme und Beine; den Geknebelten, der sich wüthend zu wehren sucht, fassen dann Beide, und schleppen ihn mit sich nach der Kluft, aus der sie herabkamen.

Loge.
Schnell hinauf!
dort ist er unser.
(Sie verschwinden, aufwärts steigend.)

———o———

VIERTE SCENE.

———o———

Die Scene verwandelt sich, nur in umgekehrter Weise, wie zuvor; schliesslich erscheint wieder die
freie Gegend auf Bergeshöhen,
wie in der zweiten Scene; nur ist sie jetzt noch in einem fahlen Nebelschleier verhüllt, wie vor der zweiten Verwandlung nach FREIA's Abführung.
WOTAN und LOGE, den gebundenen ALBERICH mit sich führend, steigen aus der Kluft herauf.

Loge.
Hier, Vetter,
sitze du fest!
Luge, Liebster,
dort liegt die Welt,
die du Lung'rer gewinnen dir willst:
welch Stellchen, sag',
bestimmst du mir drin zum Stall?

Alberich.
Schändlicher Schächer!

du Schalk! du Schelm!
Löse den Bast,
binde mich los,
den Frevel sonst büssest du Frecher!

Wotan.
Gefangen bist du,
fest mir gefesselt,
wie du die Welt,
was lebt und webt,
in deiner Gewalt schon wähntest.
In Banden liegst du vor mir,
du Banger, kannst es nicht läugnen,
zu ledigen dich
bedarf's nun der Lösung.

Alberich.
O, ich Tropf!
ich träumender Thor!
Wie dumm traut' ich
dem diebischen Trug!
Furchtbare Rache
räche den Fehl!

Loge.
Soll Rache dir frommen,
vor allem rathe dich frei:
dem gebund'nen Manne
büsst kein Freier den Frevel.
Drum sinn'st du auf Rache,
rasch ohne Säumen
sorg' um die Lösung zunächst!

Alberich
(barsch).
So heisst, was ihr begehrt!

Wotan.
Den Hort und dein helles Gold.

Alberich.
Gieriges Gaunergezücht!

(Für sich.)
Behalt' ich mir nur den Ring,
des Hortes entrath' ich dann leicht:
denn von neuem gewonnen
und wonnig genährt
ist er bald durch des Ringes Gebot.
Eine Witzigung wär's,
die weise mich macht:
zu theuer nicht zahl' ich die Zucht,
lass' ich für die Lehre den Tand. —

Wotan.
Erlegst du den Hort?

Alberich.
Lös't mir die Hand,
so ruf ich ihn her.
(LOGE löst ihm die rechte Hand.)

Alberich
(rührt den Ring mit den Lippen und murmelt den Befehl).
— Wohlan, die Niblungen
rief ich mir nah:
dem Herrn gehorchend
hör' ich den Hort
aus der Tiefe sie führen zu Tag. —
Nun lös't mich vom lästigen Band!

Wotan.
Nicht eh'r bis alles gezahlt.

Die NIBELUNGEN steigen aus der Kluft herauf, mit den Geschmeiden des Hortes beladen.

Alberich.
O schändliche Schmach,
dass die scheuen Knechte
geknebelt selbst mich erschau'n! —
Dorthin geführt,
wie ich's befehl'!
All zu Hauf
schichtet den Hort!
Helf' ich euch Lahmen? —

Hieher nicht gelugt! —
Rasch da! rasch!
dann rührt euch von hinnen:
dass ihr mir schafft,
fort in den Schachten!
Weh' euch, find' ich euch faul!
Auf den Fersen folg' ich euch nach.

Die NIBELUNGEN, nachdem sie den Hort aufgeschichtet, schlüpfen ängstlich wieder in die Kluft hinab.

Alberich.

Gezahlt hab' ich:
lasst mich nun ziehn!
Und das Helmengeschmeid,
das Loge dort hält,
das gebt mir nun gütlich zurück!

Loge
(den Tarnhelm zum Horte werfend).

Zur Busse gehört auch die Beute.

Alberich.

Verfluchter Dieb! —
Doch nur Geduld!
Der den alten mir schuf,
schafft einen andern:
noch halt' ich die Macht,
der Mime gehorcht.
Schlimm zwar ist's,
dem schlauen Feind
zu lassen die listige Wehr! —
Nun denn! Alberich
liess euch alles:
jetzt löst, ihr Bösen, das Band!

Loge
(zu WOTAN).

Bist du befriedigt?
bind' ich ihn frei?

Wotan.

Ein gold'ner Ring

ragt dir am Finger:
hörst du, Alp?
der, acht' ich, gehört mit zum Hort.

Alberich
(entsetzt).

Der Ring?

Wotan.
Zu deiner Lösung
musst du ihn lassen.

Alberich.
Das Leben — doch nicht den Ring!

Wotan.
Den Reif verlang' ich:
mit dem Leben mach' was du willst!

Alberich.
Lös' ich mir Leib und Leben,
den Ring auch muss ich mir lösen:
Hand und Haupt,
Aug' und Ohr,
ist nicht mehr mein Eigen
als hier dieser rothe Ring!

Wotan.
Dein Eigen nennst du den Ring?
Rasest du, schamloser Albe?
Nüchtern sag',
wem entnahmst du das Gold?
daraus du den schimmernden schufst?
War's dein Eigen,
was du Arger
der Wassertiefe entwandt?
Bei des Rheines Töchtern
hole dir Rath,
ob sie ihr Gold
dir zu eigen gaben,
das du zum Ring dir geraubt.

Alberich.
Schmähliche Tücke!
schändlicher Trug!
Wirfst du Schächer
die Schuld mir vor,
die dir so wonnig erwünscht?
Wie gern raubtest
du selbst dem Rheine das Gold,
war nur so leicht
die List, es zu schmieden, erlangt?
Wie glückt' es nun
dir Gleissner zum Heil,
dass der Niblung ich
aus schmählicher Noth,
in des Zornes Zwange,
den schrecklichen Zauber gewann,
dess' Werk nun lustig dir lacht?
Des Unseligsten,
Angstversehrten
fluchfertige,
furchtbare That,
zu fürstlichem Tand
soll sie fröhlich dir taugen?
zur Freude dir frommen mein Fluch? —
Hüte dich,
herrischer Gott!
Frevelte ich,
so frevelt' ich frei an mir:
doch an allem, was war,
ist und wird,
frevelst, Ewiger, du,
entreissest du frech mir den Ring!

Wotan.
Her den Ring!
Kein Recht an ihm
schwört dein Schwatzen dir zu.

(Er entzieht ALBERICH's Finger mit heftiger Gewalt den Ring.)

Alberich
(grässlich aufschreiend).

Weh! Zertrümmert! Zerknickt!
Der Traurigen traurigster Knecht!

Wotan
(hat den Ring an seinen Finger gesteckt und betrachtet ihn wohlgefällig).

Nun halt' ich, was mich erhebt,
der Mächtigen mächtigsten Herrn!

Loge.

Ist er gelös't?

Wotan.

Bind' ihn los!

Loge
(löst ALBERICH die Bande).

Schlüpfe denn heim!
Keine Schlinge hält' dich:
frei fahre dahin!

Alberich
(sich vom Boden erhebend, mit wüthendem Lachen).

Bin ich nun frei?
wirklich frei? —
So grüss' euch denn
meiner Freiheit erster Gruss! —
Wie durch Fluch er mir gerieth,
verflucht sei dieser Ring!
Gab sein Gold
mir — Macht ohne Mass,
nun zeug' sein Zauber
Tod dem — der ihn trägt!
Kein Froher soll
seiner sich freu'n;
keinem Glücklichen lache
sein lichter Glanz;
wer ihn besitzt,
den sehre Sorge,
und wer ihn nicht hat,
nage der Neid!

Jeder giere
nach seinem Gut,
doch keiner geniesse
mit Nutzen sein';
ohne Wucher hüt' ihn sein Herr,
doch den Würger zieh' er ihm zu!
Dem Tode verfallen,
fessle den Feigen die Furcht;
so lang' er lebt,
sterb' er lechzend dahin,
des Ringes Herr
als des Ringes Knecht:
bis in meiner Hand
den geraubten wieder ich halte! —
So — segnet
in höchster Noth
der Nibelung seinen Hort! —
Behalt' ihn nun,
hüte ihn wohl:
meinem Fluch fliehest du nicht!
(Er verschwindet schnell in der Kluft.)

Loge.
Lauschtest du
seinem Liebesgruss?

Wotan
(in die Betrachtung des Ringes verloren).
Gönn ihm die geifernde Lust!
Der Nebelduft des Vordergrundes klärt sich allmälig auf.

Loge
(nach rechts blickend).
Fasolt und Fafner
nahen von fern;
Freia führen sie her.
(Von der andern Seite treten FRICKA, DONNER und FROH auf.)

Froh.
Sie kehrten zurück.

Donner.
Willkommen, Bruder!

Fricka
(besorgt auf WOTAN zueilend).
Bringst du mir gute Kunde?

Loge
(auf den Hort deutend).
Mit List und Gewalt
gelang das Werk:
dort liegt, was Freia lös't.

Donner.
Aus der Riesen Haft
naht dort die Holde.

Froh.
Wie liebliche Luft
wieder uns weht,
wonnig Gefühl·
die Sinne füllt!
Traurig ging' es uns allen,
getrennt für immer von ihr,
die leidlos ewiger Jugend
jubelnde Lust uns verleiht.

Der Vordergrund ist wieder hell geworden; das Aussehen der Götter gewinnt durch das Licht wieder die erste Frische; über dem Hintergrunde haftet jedoch noch der Nebelschleier, so dass die ferne Burg unsichtbar bleibt.
FASOLT und FAFNER treten auf, FREIA zwischen sich führend.

Fricka
(eilt freudig auf die Schwester zu, um sie zu umarmen).
Lieblichste Schwester,
süsseste Lust!
Bist du mir wieder gewonnen?

Fasolt
(ihr wehrend).
Halt! Nicht sie berührt!
Noch gehört sie uns. —

Auf Riesenheim's
ragender Mark
rasteten wir:
mit treuem Muth
des Vertrages Pfand
pflegten wir;
so sehr mich's reut,
zurück doch bring' ich's
erlegt uns Brüdern
die Lösung ihr.

Wotan.
Bereit liegt die Lösung:
des Goldes Mass
sei nun gütlich gemessen.

Fasolt.
Das Weib zu missen,
wisse, gemuthet mich weh:
soll aus dem Sinn sie mir schwinden,
des Geschmeides Hort
häufe denn so,
dass meinem Blick
die Blühende ganz er verdeck'!

Wotan.
So stellt das Mass
nach Freia's Gestalt.

FAFNER und FASOLT stossen ihre Pfähle vor FREIA hin so in den Boden, dass sie gleiche Höhe und Breite mit ihrer Gestalt messen.

Fafner.
Gepflanzt sind die Pfähle
nach Pfandes Mass:
gehäuft füll' es der Hort.

Wotan.
Eilt mit dem Werk:
widerlich ist mir's!

Loge.
Hilf mir, Froh!

Froh.
Freia's Schmach
eil' ich zu enden.
(LOGE und FROH häufen hastig zwischen den Pfählen die Geschmeide.)

Fafner.
Nicht so leicht
und locker gefügt:
fest und dicht
füll' er das Mass!
Mit roher Kraft drückt er die Geschmeide dicht zusammen; er beugt sich, um nach Lücken zu spähen.
Hier lug' ich noch durch:
verstopft mir die Lücken!

Loge.
Zurück, du Grober!
greif' mir nichts an.

Fafner.
Hieher! die Klinze verklemmt!

Wotan
(unmuthig sich abwendend).
Tief in der Brust
brennt mich die Schmach.
(Den Blick auf FREIA geheftet.)

Fricka.
Sieh, wie in Scham
schmählich die Edle steht:
um Erlösung fleht
stumm der leidende Blick.
O böser Mann!
Der Minnigen botest du das!

Fafner.
Noch mehr hierher!

Donner.
Kaum halt ich mich:
schäumende Wuth
weckt mir der schamlose Wicht! —

Hierher, du Hund!
willst du messen,
so miss dich selber mit mir!
Fafner.
Ruhig, Donner!
Rolle wo's taugt:
hier nützt dein Rasseln dir nichts!
Donner
(holt aus).
Nicht dich Schmählichen zu zerschmettern?
Wotan.
Friede doch!
Schon dünkt mich Freia verdeckt.
Loge.
Der Hort ging auf.
Fafner
(mit dem Blicke messend).
Noch schimmert mir Holda's Haar:
dort das Gewirk
wirf auf den Hort!
Loge.
Wie, auch den Helm?
Fafner.
Hurtig her mit ihm!
Wotan.
Lass ihn denn fahren!
Loge
(wirft den Helm auf den Haufen).
So sind wir fertig. —
Seid ihr zufrieden?
Fasolt.
Freia, die schöne,
schau' ich nicht mehr:
ist sie gelös't?
muss ich sie lassen?
(Er tritt nahe hinzu und späht durch den Hort.)
Weh noch blitzt

ihr Blick zu mir her;
des Auges Stern
strahlt mich noch an:
durch eine Spalte
muss ich's erspäh'n! —
Seh' ich dies wonnige Aug',
von dem Weibe lass ich nicht ab.

Fafner.
He! euch rath' ich,
verstopft mir die Ritze!

Loge.
Nimmer-Satte!
seht ihr denn nicht,
ganz schwand uns das Gold?

Fafner.
Mit nichten, Freund!
An Wotan's Finger
glänzt von Gold noch ein Ring,
den gebt, die Ritze zu füllen!

Wotan.
Wie! diesen Ring?

Loge.
Lasst euch rathen!
Den Rheintöchtern
gehört dies Gold:
ihnen giebt Wotan es wieder.

Wotan.
Was schwatzest du da?
Was schwer ich mir erbeutet,
ohne Bangen wahr' ich's für mich.

Loge.
Schlimm dann steht's
um mein Versprechen,
das ich den Klagenden gab.

Wotan.
Dein Versprechen bindet mich nicht:
als Beute bleibt mir der Reif.

Fafner.
Doch hier zur Lösung
musst du ihn legen.

Wotan.
Fordert frech was ihr wollt:
alles gewähr' ich,
um alle Welt
nicht fahren doch lass' ich den Ring!

Fasolt
(zieht wüthend Freia hinter dem Horte hervor).
Aus denn ist's,
beim Alten bleibt's:
nun folgt uns Freia für immer!

Freia.
Hülfe! Hülfe!

Fricka.
Harter Gott,
gieb ihnen nach!

Froh.
Spare das Gold nicht!

Donner.
Spende den Ring doch!

Wotan.
Lasst mich in Ruh'!
Den Reif geb' ich nicht.

FAFNER hält den fortdrängenden FASOLT noch auf, Alle stehen bestürzt; WOTAN wendet sich zürnend von ihnen zur Seite. Die Bühne hat sich von Neuem verfinstert; aus der Felskluft zur Seite bricht ein bläulicher Schein hervor: in ihm wird WOTAN plötzlich ERDA sichtbar, die bis zu halber Leibeshöhe aus der Tiefe aufsteigt; sie ist von edler Gestalt, weithin von schwarzem Haare umwallt.

Erda
(die Hand mahnend gegen WOTAN ausstreckend).
Weiche, Wotan, weiche!
flieh' des Ringes Fluch!
Rettungslos
dunklem Verderben
weiht dich sein Gewinn.

Wotan.
Wer bist du, mahnendes Weib?

Erda.
Wie alles war, weiss ich;
wie alles wird,
wie alles sein wird,
seh' ich auch:
der ew'gen Welt
Ur-Wala,
Erda mahnt deinen Mut.
Drei der Töchter,
ur-erschaff'ne,
gebar mein Schoss:
was ich sehe,
sagen dir nächtlich die Nornen.
Doch höchste Gefahr
führt' mich heut'
selbst zu dir her:
höre! höre! höre!
Alles, was ist, endet.
Ein düsterer Tag
dämmert den Göttern:
dir rath' ich, meide den Ring!

Sie versinkt langsam bis an die Brust, während der bläuliche Schein zu dunkeln beginnt.

Wotan.
Geheimniss-hehr
hallt mir dein Wort:
weile, dass mehr ich wisse!

Erda
(im Verschwinden).
Ich warnte dich —
du weisst genug:
sinne in Sorg' und Furcht!
(Sie verschwindet gänzlich.)

Wotan.
Soll ich sorgen und fürchten —

dich muss ich fassen,
alles erfahren!

Er will in die Kluft, um Erda zu halten: DONNER, FROH und FRICKA werfen sich ihm entgegen, und halten ihn auf.

Fricka.
Was willst du, Wüthender?

Froh.
Halt' ein, Wotan!
Scheue die Edle,
achte ihr Wort!

Donner
(zu den Riesen).

Hört ihr Riesen!
zurück, und harret:
das Gold wird euch gegeben.

Freia.
Darf ich es hoffen?
dünkt euch Holda
wirklich der Lösung werth?

(Alle blicken gespannt auf WOTAN.)

Wotan
(war in tiefes Sinnen versunken und fasst sich jetzt mit Gewalt zum Entschluss).

Zu uns, Freia!
du bist befreit:
wieder gekauft
kehr' uns die Jugend zurück! —
Ihr Riesen, nehmt euren Ring!

(Er wirft den Ring auf den Hort.)

Die Riesen lassen FREIA los: sie eilt freudig auf die Götter zu, die sie abwechselnd längere Zeit in höchster Freude liebkosen.

Fafner
breitet sogleich einen ungeheuren Sack aus und macht sich über den Hort her, um ihn da hinein zu schichten.

Fasolt
(dem Bruder sich entgegenwerfend).

Halt, du Gieriger!
gönne mir auch 'was!

Redliche Theilung
taugt uns beiden.

Fafner.
Mehr an der Maid als am Gold
lag dir verliebtem Geck:
mit Müh' zum Tausch
vermocht' ich dich Thoren.
Ohne zu theilen
hättest du Freia gefreit:
theil' ich den Hort,
billig behalt' ich
die grösste Hälfte für mich.

Fasolt.
Schändlicher du!
Mir diesen Schimpf? —
(Zu den Göttern:)
Euch ruf' ich zu Richtern:
theilet nach Recht
uns redlich den Hort!
(WOTAN wendet sich verächtlich ab.)

Loge.
Lass' den Hort ihn raffen:
halte du nur auf den Ring!

Fasolt
(stürzt sich auf FAFNER, der währenddem mächtig eingesackt hat).
Zurück, du Frecher!
mein ist der Ring:
mir blieb er für Freia's Blick.
(Er greift hastig nach dem Ring.)

Fafner.
Fort mit der Faust!
der Ring ist mein.
(Sie ringen miteinander; FASOLT entreisst FAFNER den Ring.)

Fasolt.
Ich halt' ihn, mir gehört er!

Fafner.
Halt' fest, dass er nicht fall'!

Er holt wüthend mit seinem Pfahle nach FASOLT aus, und streckt ihn mit einem Schlage zu Boden, dem Sterbenden entreisst er dann hastig den Ring.

Nun blinzle nach Freia's Blick:
an den Reif rühr'st du nicht mehr!

Er steckt den Ring in den Sack, und rafft dann gemächlich vollends den Hort ein.
(Alle Götter stehen entsetzt. Langes feierliches Schweigen.)

Wotan.
Furchtbar nun
erfind' ich des Fluches Kraft!

Loge.
Was gleicht, Wotan,
wohl deinem Glücke?
Viel erwarb dir
des Ringes Gewinn;
dass er nun dir genommen,
nützt dir noch mehr:
deine Feinde, sieh,
fällen sich selbst
um das Gold, das du vergabst.

Wotan
(tief erschüttert).
Wie doch Bangen mich bindet!
Sorg' und Furcht
fesseln den Sinn;
wie sie zu enden
lehre mich Erda:
zu ihr muss ich hinab!

Fricka
(schmeichelnd sich an ihn schmiegend).
Wo weilst du, Wotan?
Winkt dir nicht hold
die hehre Burg,
die des Gebieters
gastlich bergend nun harrt?

Wotan.
Mit bösem Zoll
zahlt' ich den Bau!

Donner
(auf den Hintergrund deutend, der noch in Nebelschleier gehüllt ist).

Schwüles Gedünst
schwebt in der Luft,
lästig ist mir
der trübe Druck:
das bleiche Gewölk
samml' ich zu blitzendem Wetter,
das fegt den Himmel mir hell.

Er hat einen hohen Felsstein am Thalabhange bestiegen, und schwingt jetzt seinen Hammer.

He da! He da!
Zu mir, du Gedüft!
ihr Dünste, zu mir!
Donner, der Herr,
ruft euch zu Heer.
Auf des Hammers Schwung
schwebet herbei:
he da! he da!
duftig Gedünst'
Donner ruft euch zu Heer!

Die Nebel haben sich um ihn zusammengezogen; er verschwindet völlig in einer immer finsterer sich ballenden Gewitterwolke. Dann hört man seinen Hammerschlag schwer auf den Felsstein fallen: ein starker Blitz entfährt der Wolke; ein heftiger Donnerschlag folgt.

Bruder, zu mir!
weise der Brücke den Weg!

FROH ist mit Gewölk verschwunden. Plötzlich verzieht sich die Wolke; DONNER und FROH werden sichtbar: von ihren Füssen aus zieht sich, mit blendendem Leuchten, eine Regenbogenbrücke über das Thal hinüber bis zur Burg, die jetzt von der Abendsonne beschienen im hellsten Glanze erstrahlt.

FAFNER, der neben der Leiche seines Bruders endlich den ganzen Hort eingerafft, hat den ungeheuren Sack auf dem Rücken, während DONNER's Gewitterzauber die Bühne verlassen.

Froh.
Zur Burg führt die Brücke,
leicht, doch fest eurem Fuss:
beschreitet kühn
ihren schrecklosen Pfad!

Wotan
(in den Anblick der Burg versunken).

Abendlich strahlt
der Sonne Auge;
in pracht'ger Gluth
prangt glänzend die Burg:
in des Morgens Scheine
muthig erschimmernd,
lag sie herrenlos
hehr verlockend vor mir.
Von Morgen bis Abend
in Müh' und Angst
nicht wonnig ward sie gewonnen!
Es naht die Nacht:
vor ihrem Neid
biete sie Bergung nun.
So — grüss' ich die Burg,
sicher vor Bang und Grau'n. —
(zu FRICKA.)
Folge mir, Frau:
in Walhall wohne mit mir!
(Er fasst ihre Hand.)

Fricka.

Was deutet der Name?
Nie, dünkt mich, hört' ich ihn nennen.

Wotan.

Was, mächtig der Furcht,
mein Muth mir erfand,
wenn siegend es lebt —
leg' es den Sinn dir dar!

WOTAN und FRICKA schreiten der Brücke zu: FROH und FREIA folgen zunächst, dann DONNER.

Loge
(im Vordergrunde verharrend und den Göttern nachblickend).

Ihrem Ende eilen sie zu,
die so stark im Bestehen sich wähnen.
Fast schäm' ich mich

mit ihnen zu schaffen;
zur leckenden Lohe
mich wieder zu wandeln
spür' ich lockende Lust.
Sie aufzuzehren,
die einst mich gezähmt,
statt mit den Blinden
blöd' zu vergeh'n —
und wären's göttlichste Götter —
nicht dumm dünkte mich das!
Bedenken will ich's:
wer weiss was ich thu'!

Er geht, um sich den Göttern in nachlässiger Haltung anzuschliessen.
Aus der Tiefe hört man den Gesang der RHEINTÖCHTER heraufschallen.

Die drei Rheintöchter.

Rheingold!
Reines Gold,
wie lauter und hell
leuchtest hold du uns?
Um dich, du klares,
nun wir klagen!
Gebt uns das Gold,
o gebt uns das reine zurück!

Wotan
(im Begriff, den Fuss auf die Brücke zu setzen, hält an und wendet sich um).

Welch Klagen klingt zu mir her?

Loge.

Des Rheines Kinder
beklagen des Goldes Raub.

Wotan.

Verwünschte Nicker! —
Wehre ihrem Geneck!

Loge
(in das Thal hinabrufend).

Ihr da im Wasser!
was weint ihr herauf?

Hört, was Wotan euch wünscht.
Glänzt nicht mehr
euch Mädchen das Gold,
in der Götter neuem Glanze
sonnt euch selig fortan!

Die Götter lachen laut und beschreiten nun die Brücke.

Die Rheintöchter
(aus der Tiefe).

Rheingold
Reines Gold!
O leuchtete noch
in der Tiefe dein laut'rer Tand!
Traulich und treu
ist's nur in der Tiefe:
falsch und feig
ist was dort oben sich freut!

Als alle Götter auf der Brücke der Burg zuschreiten, fällt der Vorhang.